AF316394

ALBERT MATHIEZ

Professeur d'histoire moderne à la Faculté des Lettres de Dijon

Le Bolchévisme
et le
Jacobinisme

PARIS
Librairie du Parti Socialiste et de l'Humanité
142, Rue Montmartre, 142

—

1920

PRIX : 50 CENTIMES.

ALBERT MATHIEZ

Professeur d'Histoire moderne à la Faculté des Lettres
de Dijon

Le Bolchévisme
et le Jacobinisme

PARIS

Librairie du *Parti Socialiste et de l'Humanité*
142, Rue Montmartre, 142

1920

OUVRAGES DU MÊME AUTEUR

Le Bolchévisme
et le Jacobinisme

Entre le Jacobinisme (j'entends par là le gouvernement des Montagnards du mois de juin 1793 au mois
de juillet 1794) et le Bolchévisme, le rapprochement
n'a rien de factice, puisque Lénine lui-même s'y
complait dans ses discours (1) et qu'il a fait élever
récemment une statue à Robespierre. Lénine, comme
tous les socialistes russes, est nourri de l'histoire de
notre grande révolution, il s'inspire de ses exemples
et il les met en pratique en les adaptant à son pays
et aux circonstances.

Je voudrais montrer, par une brève analyse,
qu'entre les méthodes des Bolchévistes et celles des
Montagnards français, les analogies ne sont pas
seulement apparentes, mais qu'il existe entre les
unes et les autres des rapports étroits et comme une
parenté logique.

Jacobinisme et Bolchévisme sont au même titre
deux dictatures, nées de la guerre civile et de la
guerre étrangère, deux dictatures de classe, opérant

-----

(1) « Si l'on prend l'échelle des révolutions occidentales,
nous sommes à présent approximativement au niveau de
ce qui fut atteint en 1793 et en 1870. » (Discours de Lénine
du 28 mai 1918.)

par les mêmes moyens, la terreur, la réquisition et les taxes, et se proposant en dernier ressort un but semblable, la transformation de la société, et non pas seulement de la société russe ou de la société française, mais de la société universelle. //

Les deux dictatures sont sorties de la défaite et se sont imposées par l'émeute. C'est la trahison de Dumouriez, les désastres de la Belgique, le recul des armées sur tous les fronts qui permit aux Montagnards d'écraser les Girondins, rendus responsables, par les journées parisiennes des 31 mai et 2 juin 1793. C'est l'échec de l'offensive donnée par Kerensky en juillet 1917, suivie de l'aventure de Kornilof, qui a permis aux Soviets de réussir l'émeute du 25 octobre 1917 à Pétrograde. Ici une différence apparente. Les Montagnards prennent le pouvoir pour intensifier la guerre et forcer la victoire. Les Bolchévistes au contraire ne pensent au début qu'à faire la paix, la paix à tout prix. Mais prenons garde que Montagnards et Bolchévistes ne regardent la paix ou la guerre que comme un moyen de sauver la Révolution. Devant l'épuisement de la Russie et la lassitude générale, Lénine se convainc que la paix est un « répit » nécessaire pour consolider les résultats de son coup de force. Robespierre, à l'inverse, sentant le patriotisme du pays et connaissant ses ressources, croit que le salut de la Révolution est attaché invinciblement à la victoire immédiate sur les champs de bataille. Par des voies opposées, les deux dictatures poursuivent le triomphe de leur parti et la réalisation de leur idéal. Dès que son gouvernement sera un peu mieux assis sur ses bases, Lénine formera l'armée rouge et reprendra l'offensive.

Les deux dictatures s'appuient sur les classes inférieures, mais elles sont conduites par des transfuges des anciennes classes dirigeantes.

Les Commissaires du peuple ne sont pas, pour la plupart, les aventuriers de bas étage qu'une presse asservie nous dépeint. Wladimir Oulianof, dit Lénine, est, comme Lounatcharsky, le fils d'un conseiller d'Etat en exercice, ayant rang d'Excellence. Tchitcherine, le commissaire aux affaires étrangères, est comme eux de naissance noble. Bronstein, dit Trotzky, est le fils d'un homme de lettres. Zinovief, Kamenez sont des bourgeois qui ont passé par les Universités. Ouritzki est ingénieur, Rykov traducteur-juré pour les langues étrangères, Mme Kollontaï femme d'un colonel. Joffe, Soukolnikof jouissent d'une fortune considérable.

De même Maximilien de Robespierre appartenait à une famille de robe, le chevalier de Saint-Just à une famille d'épée, Hérault de Séchelles à la vieille noblesse, Carnot, Couthon, Le Bas, les deux Prieur, Robert Lindet à la bonne bourgeoisie.

Les deux dictatures puisent dans la population des villes et surtout de la capitale leur origine et leur force. Les Montagnards ont leur forteresse à Paris dans les sections composées d'artisans. Les Bolchévistes recrutent leur garde rouge dans les ouvriers des usines de Pétrograde.

Les paysans qui, dans la France de 1793 comme dans la Russie actuelle, forment la masse, sont entraînés par les avantages matériels que les Bolchévistes comme les Montagnards ont su leur garantir. Les Montagnards extirpent les dernières racines de la féodalité, en abolissant, après leur victoire sur la Gironde, les redevances seigneuriales fondées sur le titre primitif qui subsistaient encore. Ils mettent

la main sur les biens des émigrés, riche proie qui
sera leur trésor de guerre. Le paysan qui achète la
terre noble ou la terre ecclésiastique devient soli-
daire de leur cause. Il est attaché au jacobinisme par
le lien si fort de l'intérêt personnel. La défaite de la
Révolution serait pour lui la spoliation et la ruine.

De même les Bolchévistes s'intrônisent en jetant
en pâture aux moujicks, le soir même du 25 octobre,
toute la terre des monastères et des grandes propriér
tés. Ces domaines confisqués, qu'ils font administrer
par des comités cantonaux, sont la formidable ré-
serve qui leur garantit la fidélité des masses, en
même temps qu'elle facilite jusqu'à un certain point
le ravitaillement de leurs partisans dans les villes.

Les deux dictatures, la française et la russe, sont
éminemment réalistes. Elles n'hésitent pas, dans
l'intérêt du salut public, à violer ouvertement les
principes mêmes dont elles se réclament. Robespierre et Lénine justifient la terreur par les nécessités de la lutte intérieure et extérieure. Tous deux
proclament qu'ils la feront cesser après la victoire.
« Sous le régime constitutionnel, dit Robespierre, il
suffit presque de protéger les individus contre l'a-
bus de la puissance publique; sous le régime révolutionnaire, la puissance publique elle-même est obli-
gée de se défendre contre toutes les forces qui l'at-
taquent » (5 nivôse). Saint-Just ajoute plus crû-
ment: « Ce qui constitue une République, c'est la
destruction totale de tout ce qui lui est opposé »
(8 ventôse). Lénine répète comme un écho: « Ce
serait la plus grande stupidité et l'utopie la plus
absurde de supposer que sans contrainte et sans
dictature, le passage du capitalisme au socialisme
serait possible » (28 mai 1917). « Il est impossible,

dit-il encore, de vaincre et d'extirper le capitalisme sans une répression impitoyable de la résistance des exploiteurs qui ne peuvent être privés subitement de leur fortune, de leurs avantages en organisation et en connaissances, et qui par conséquent, au cours d'une période assez longue, tenteront inévitablement de secouer la domination des pauvres » (id.).

Robespierre et Lénine avaient exigé la suppression de la peine de mort. Au pouvoir, ils font du dernier supplice un moyen de gouvernement. Ils avaient réclamé la liberté de la presse et ils suppriment les journaux de l'opposition.

Bref, la fin justifie les moyens et absout les contradictions. La fin, c'est dans les deux cas le bonheur des masses: « Nous voulons, dit Robespierre, un ordre de choses où toutes les passions basses et cruelles soient enchaînées, toutes les passions bienfaisantes et généreuses éveillées par les lois..., où la patrie assure le bien-être de chaque individu..., où le commerce est la source de la richesse publique et non seulement de l'opulence monstrueuse de quelques maisons » (18 pluviôse). « Notre but, ajoute Saint-Just, est d'établir un gouvernement sincère tel que le peuple soit heureux » (8 ventôse). Trotzky dit le soir du 25 octobre: « Nous allons fonder un pouvoir qui ne se proposera d'autre but que de satisfaire les besoins des soldats, des ouvriers et des paysans. L'Etat doit être un instrument de libération des masses de tous les esclavages ».

Qu'on n'objecte pas que Robespierre respectait la propriété individuelle tandis que Lénine la nie. La différence des temps explique la différence des théories et des solutions, mais le fond des choses reste identique. D'ailleurs, Lénine n'a pas supprimé la propriété. Ses mesures sont aussi opportunistes que celles qu'édictaient les Montagnards. Elles répondent aux mêmes nécessités. Il n'y a pas entre elles de différence de nature.

Les Bolchévistes ont nationalisé les banques, inventorié les coffres des particuliers, versé leur contenu au compte de la banque d'Etat, fixé à un certain quantum la limite des retraits, mais ils n'ont pas supprimé la propriété individuelle. Les Jacobins ne se gênaient pas pour réquisitionner les banquiers, mettre les scellés sur leurs caisses, les soumettre à une réglementation rigoureuse, fermer la Bourse, etc. Un arrêté du Comité de salut public en date du 23 ventôse requit en masse les négociants de Bordeaux de fournir 20 millions de traites sur l'étranger et d'exporter une pareille valeur de marchandises. Ce ne fut pas un fait exceptionnel. On sait que Robespierre subordonnait la propriété à l'intérêt social et qu'il l'avait définie : « la portion des biens garantie par la loi ».

Les Bolchévistes ont mis la main sur les usines qu'ils administrent au moyen de comités élus par les ouvriers. Les Jacobins les avaient précédés dans cette voie en réquisitionnant pour les besoins des fabrications de guerre beaucoup de forges et d'ateliers administrés par des régies plus ou moins étroites.

Les Bolchévistes contrôlent la production agricole comme la production industrielle. Ils ont organisé dans chaque district des comités de recensement, de réquisition et de distribution des marchandises reliés à des « centres » communs, centre textile, centre métallurgique, etc.

Déjà les Montagnards, pour l'application de leur loi du maximum, avaient créé à Paris la Commission des subsistances, la Commission des armes et poudres, la Commission des transports, etc., qui, sous les ordres du Comité de salut public, recensaient, distribuaient, taxaient les denrées de toute nature au moyen d'innombrables agents disséminés dans toute la France et appuyés sur des Comités locaux.

Ce serait une erreur de croire que les Comités bolchévistes qui administrent les usines ou qui contrôlent la production agricole, sont souverains. La République des Soviets est à l'heure actuelle aussi centralisée, aussi bureaucratique que l'était la République jacobine. Les Comités agraires qui régissent les terres confisquées sur la grande propriété (1) sont sans doute élus, mais, à côté d'eux, le pouvoir central est représenté par des commissaires armés de pleins pouvoirs pour assurer la subordination au centre. De même les Comités élus par les ouvriers des usines n'ont pas la direction de l'entreprise qui reste la plupart du temps confiée à l'ancien patron, devenu un agent du centre. Lénine ne veut pas que le pouvoir prolétarien reste « à l'état gélatineux ». Il s'efforce d'arrêter la désorganisation et il pratique la politique de la main de fer. « Tout individu qui enfreint la discipline du travail, dit-il, dans n'importe quelle entreprise, dans n'importe quelle affaire, doit être déféré au tribunal et puni impitoyablement ». Les tribunaux révolutionnaires

---

(1) « Les terres des cosaques et simples soldats et des paysans ne sont pas confiscables. » (Décret du 26 octobre 1917.)

de la Russie soviétique comme ceux de la France montagnarde punissent l'accaparement, le sabotage, les fraudes, les contraventions contre les taxes et contre les recensements, à l'instar des crimes contre-révolutionnaires. Un décret déjà ancien sur l'administration des chemins de fer a confié la direction des réseaux à des commissaires aux pouvoirs aussi étendus que ceux dont étaient investis les proconsuls de la Convention.

Robespierre avait dit: « Le gouvernement révolutionnaire n'a rien de commun avec l'anarchie. Son but, au contraire, est de la réprimer pour assurer et pour affermir le règne des lois » (25 nivôse). Lénine n'est pas plus tendre pour le désordre : « Si nous ne sommes pas des anarchistes, nous devons accepter la nécessité de l'Etat, c'est-à-dire de la contrainte, pour la phase de transition du capitalisme au socialisme. Toute grande industrie technique exige l'unité de volonté la plus absolue et la plus sévère dirigeant le travail simultané de centaines, de milliers et de dizaines de milliers d'hommes. Comment peut être assurée l'unité la plus sévère de volonté? Par la soumission de ces volontés de milliers à la volonté d'un seul » (28 mai 1918). Il dit encore: « Il ne nous faut pas d'élans hystériques. Il nous faut la démarche cadencée des bataillons de fer du prolétariat ».

J'ai lu quelque part que Lénine s'inspirait des méthodes hébertistes. Tous ses actes et toutes ses paroles protestent contre un tel jugement. Comme Robespierre il prétend se garder de deux excès où sombrerait la Révolution, du modérantisme et de l'exagération. Il déclare, dans le discours que j'ai déjà cité, que des compromis sont nécessaires avant d'atteindre l'ordre communiste. Ainsi le décret sur les sociétés coopératives qu'il a publié au printemps de 1918 est un compromis élaboré entre les représentants des coopératives bourgeoises et ceux des coopératives ouvrières: « En concluant un pareil compromis avec les coopératives bourgeoises, le Pouvoir des soviets a déterminé d'une façon concrète ses problèmes tactiques et les méthodes d'action particulières à la phase de développement donnée, à savoir en dirigeant les éléments bourgeois, en les utilisant, en leur faisant certaines concessions partielles, nous créons les conditions nécessaires pour un mouvement en avant qui sera plus lent que nous ne le supposions primitivement, mais en même temps plus solide, avec des garanties plus fermes pour la base et la ligne de communication, avec une meilleure fortification des positions acquises ». Cette tactique était précisément celle de Robespierre qui s'efforçait de rallier et de rassurer les petits commerçants et les petits propriétaires.

Quand Lénine et Trotzky, après Brest-Litovsk, ont créé une nouvelle armée, d'où ils ont exclu les éléments politiquement douteux, ils n'ont fait, ici encore, que suivre les enseignements du jacobinisme. Dès la Constituante, Robespierre avait proposé de licencier l'armée royale pour la recréer de toutes pièces afin d'épurer par ce moyen les cadres remplis de nobles. Sa proposition avait été rejetée, mais les officiers nobles s'éliminèrent d'eux-mêmes par l'émigration et le résultat cherché fut atteint.

Nul plus que Robespierre n'a professé la défiance du militarisme et n'a exercé sur les généraux une surveillance plus soupçonneuse. Il avait prédit que la guerre conduirait à la dictature du sabre. Et ce-

pendant c'est le même Robespierre qui a donné de
la discipline militaire cette définition : « La discipline est l'âme des armées, la discipline supplée au
nombre et le nombre ne peut suppléer à la discipline. Sans la discipline, il n'est point d'armée, il n'y
a qu'un assemblage d'hommes sans union, sans con-
cert qui ne peuvent diriger efficacement leurs forces
vers un but commun, tel qu'un corps qu'a abandonné
le principe de la vie ou telle qu'une machine dont le
ressort est brisé ». Le Comité de salut public, tout
en accordant aux volontaires le droit d'élire leurs
chefs par un système gradué fort ingénieux, s'arran-
gea en pratique pour leur imposer peu à peu une
stricte obéissance. Les Commissaires du peuple ont
fait de même. Dans l'armée rouge, l'élection des
chefs a même été supprimée (23 avril 1918). Je lis
dans *Le Correspondant* du 25 mai 1919 que cette
armée est soumise aujourd'hui à « une discipline de
fer ».

On pourra m'observer que la dictature montagnarde était une dictature légale, organe de la Convention nationale, elle-même expression de la volonté du pays, tandis que la dictature bolchéviste est
entachée d'une illégalité foncière. Elle a dispersé la
Constituante, elle ne se maintient que par la force.

Il ne faut pas trop exagérer cette différence entre
les deux régimes. La Convention fut élue dans la
période troublée des massacres de septenbre. La plupart des assemblées électorales qui nommèrent les
députés subirent la loi des clubs. Elles durent procé-
der au vote à haute voix. C'est un fait bien connu
que les jacobins et leurs partisans furent à peu
près les seuls à se rendre aux urnes. Mais surtout il
ne faut pas oublier que la dictature montagnarde

s'établit par l'émeute du 2 juin 1793 qui mutila la Convention par l'exclusion de tous les chefs girondins bientôt envoyés à la guillotine. L'arrestation des 73 girondins qui protestèrent contre le 2 juin suffit à changer la majorité. Les Montagnards ont gouverné au moyen d'une Assemblée épurée. Les Bolchévistes ont préféré dissoudre que mutiler. Où est dans tout cela la légalité?

Les Bolchévistes ont remplacé la Constituante par le Congrès des soviets. C'est comme si le Comité de salut public avait remplacé la Convention par la société des jacobins. Les soviets ont privé du droit de vote toute une catégorie nombreuse de citoyens: les moines, les oisifs, les patrons, etc. Avant eux les jacobins des Comités révolutionnaires avaient dressé des listes de suspects. La Constitution monarchique de 1791 privait déjà des droits politiques tous ceux qui ne prêteraient pas le serment civique. Les Bolchévistes ont simplement perfectionné les méthodes jacobines.

Les Montagnards avaient déjà institué le système des cartes d'alimentation. Mais ils ne s'étaient pas avisés de s'en servir comme d'un instrument politique. Les Bolchévistes, plus ingénieux, ont divisé la population en 4 catégories pour le droit au ravitaillement. Les suspects ne reçoivent qu'une moitié ou un quart de ration. Moyen efficace et terrible pour se constituer une clientèle!

Comme les paysans aisés se font tirer l'oreille pour exécuter les réquisitions, les Bolchévistes ont institué, afin d'avoir raison de leur résistance, des comités de pauvreté composés d'indigents et chargés de faire exécuter toutes les mesures de ravitaillement. Les Jacobins n'étaient pas allés aussi loin,

mais ils avaient peuplé de Sans-Culottes les comités
révolutionnaires qui étaient chargés de surveiller
l'application du maximum.

Vainement essaierait-on d'opposer l'individua-
lisme des Jacobins au communisme des Bolchévistes.
Les Jacobins se proclament défenseurs du droit de
propriété. Ils punissent de la peine de mort les pré-
dicateurs de la « loi agraire », c'est-à-dire les com-
munistes, mais, en fait, ils confisquent, ils expro-
prient, ils réquisitionnent. Les Bolchévistes, tout au
contraire, font profession de communisme, ils an-
noncent la prochaine abolition de la propriété individuelle, mais, en fait, ils la laissent subsister.

Les Jacobins d'ailleurs plaçaient constamment
au-dessus des droits de l'individu les droits de la
société et par là ils rejoignent les Bolchévistes. Saint-
Just ne proposa-t-il pas, le 8 ventôse, de confisquer la
propriété de tous les adversaires du régime? « La
Révolution nous conduit à reconnaître le principe
que celui qui s'est montré l'ennemi de son pays n'y
peut être propriétaire » et, sur sa motion, la Convention vota ce décret: « Les propriétés des pa-
triotes sont inviolables et sacrées. Les biens des personnes reconnues ennemies de la Révolution seront
sequestrés au profit de la République; ces personnes
seront détenues jusqu'à la paix et bannies ensuite à
perpétuité ». C'était sans doute reconnaître la propriété que de la violer de cette façon, mais c'était
faire de la propriété le privilège du civisme.

Quand les Bolchévistes s'emparent des logements
vacants pour y installer les indigents, quand ils
obligent les bourgeois au travail forcé, ils restent fi-
dèles aux précédents jacobins plus qu'on ne se l'i-
magine. « Ne souffrez point, disait Saint-Just, qu'il

y ait un malheureux ni un pauvre dans l'Etat; ce n'est qu'à ce prix que vous aurez fait une Révolution et une République véritable... Obligez tout le monde à faire quelque chose, à prendre une profession utile à la société... Quels droits ont dans la patrie ceux qui ne font rien? » (8 ventôse). Les actes suivaient les paroles quand ils ne les devançaient pas. Dans nombre de départements les oisifs furent requis pour la production du salpêtre, pour la cueillette des bois destinés à la fabrication de la potasse, pour les travaux de la moisson, pour la réfection des routes.

Les politiciens de nos jours, qui se sont institués les héritiers des Jacobins, vantent leur patriotisme qu'ils opposent au défaitisme et à l'internationalisme des Bolchévistes. L'opposition est toute superficielle. Elle ne résiste pas à l'examen.

Certes, les Montagnards se vouèrent avec une ardeur sublime à l'œuvre de la défense nationale. Robespierre en particulier put prendre figure de chauvin quand on le vit dénoncer sans relâche les étrangers réfugiés en France qu'il soupçonnait, non sans raison, de servir d'espions à l'ennemi. Il lança même un jour de la tribune des Jacobins un anathème célèbre contre le peuple anglais. Mais Robespierre ne distinguait pas la cause de la France de celle de la Révolution et le triomphe de nos armées lui paraissait le gage et le prélude du triomphe de la liberté dans le monde. Jamais il ne répudia la doctrine de la fraternité des hommes. Il avait voulu faire inscrire dans la Déclaration des droits de 1793 les articles suivants :

« I. Les hommes de tous les pays sont frères et les

différents peuples doivent s'entr'aider selon leur pouvoir comme les citoyens du même Etat.

« II. Celui qui opprime une nation se déclare l'ennemi de toutes.

« III. Ceux qui font la guerre à un peuple pour arrêter les progrès de la liberté et anéantir les droits de l'homme doivent être poursuivis par tous, non comme des ennemis ordinaires, mais comme des ennemis et des brigands rebelles.

« IV. Les rois, les aristocrates, les tyrans, quels qu'ils soient, sont des esclaves révoltés contre le souverain de la terre qui est le genre humain et contre le législateur de l'Univers qui est la nature » (24 avril 1793).

Jamais Robespierre n'a renoncé à cet internationalisme de classe auquel Lénine pourrait souscrire. Quand les Dantonistes, pressés de faire la paix, proposèrent d'abandonner à leur sort les Rhénans, les Belges, les Savoisiens, les Nizzards, tous les peuples réunis qui avaient cru à nos promesses, Robespierre s'éleva avec violence contre leur proposition défaitiste. S'il proclamait sa haine contre les Anglais, c'est qu'il haïssait en eux des esclaves trop dociles à la volonté de leurs maîtres. « Il est quelque chose de plus méprisable encore qu'un tyran, ce sont des esclaves!... Ce n'est point à nous de faire les frais de la Révolution d'Angleterre. Qu'on voie ce peuple s'affranchir lui-même et nous lui rendrons toute notre estime et notre amitié » (11 pluviôse). Attribuer à Robespierre la mentalité des impérialistes de nos jours, c'est étrangement le méconnaître.

En dépit des apparences, les Jacobins et les Bolchévistes n'ont pas une conception très différente des relations internationales. « Les Bolchévistes, dit très bien M. Antonelli dans son livre récent, ne conçoivent pas le droit des peuples autrement que comme le droit des classes prolétariennes à s'organiser librement. Ils sont entraînés par la logique de leur doctrine d'interventionnisme prolétarien à intervenir partout où la cause prolétarienne paraît en péril... L'interventionnisme bolchéviste est analogue à l'interventionnisme républicain de la Révolution française. Mais il est encore plus dangereux. Il ne tient pas compte des facteurs moraux et ethniques » (p. 144).

Il est certain en effet que les Bolchévistes n'ont considéré la paix de Brest-Litovsk que comme une tréve. Dès qu'ils l'ont pu, ils ont repris les armes pour délivrer les prolétaires de Finlande, d'Esthonie, de Lithuanie, d'Ukraine, et, entre temps, ils ont soudoyé le spartakisme et la révolution hongroise. Leur prosélytisme, autant que leur répudiation des engagements financiers du tsarisme, explique la formidable clameur d'hostilité qui accueille leur nom dans les pays qui restent gouvernés à l'ancienne mode. Les Jacobins avaient causé les mêmes craintes et soulevé les mêmes colères. Ce serait un jeu amusant et instructif que de recueillir et de rapprocher les jugements portés à 125 ans de distance sur ceux-ci et sur ceux-là par les gouvernants et par les journalistes chargés d'arrêter la contagion.

On se trompe ou on essaie de tromper quand on représente le gouvernement bolchéviste, après le gouvernement jacobin, comme une construction artificielle, sortie à coups de prikazes et de décrets du cerveau de quelques illuminés ou de quelques ambitieux. La réalité est tout autre. Les Bolchévistes n'ont pas créé les soviets qui existaient avant leur accession au pouvoir. Les soldats russes n'avaient pas attendu Brest-Litovsk pour faire la paix avec les Allemands. Les moujicks n'ont pas attendu davantage le prikaze du 25 octobre 1917 pour se mettre en possession des terres des moines et des seigneurs. Dans les usines les ouvriers s'étaient déjà organisés en comités d'exploitation avant que Lénine ait réussi son coup de force.

Les Commissaires du peuple ont dû faire de l'ordre avec du désordre. Ils ont réglementé l'état de choses antérieur en s'efforçant de lui donner une base légale. « Parfois même, dit M. Antonelli, leur intervention s'exerça dans un sens de modération qui souleva contre eux certains éléments de la population ouvrière et paysanne » (p. 206).

C'est un trait de ressemblance de plus avec le jacobinisme. La plupart des grandes mesures révolutionnaires de l'an II ne sont pas sorties de l'initiative du Comité du Salut public ni même des députés de la Convention. Elles s'imposèrent à eux sous la pression des clubs. Le maximum, c'est-à-dire la taxation de toutes les denrées de première nécessité, fut réclamé avec violence par les groupes sectionnaires bien avant d'être inscrit dans la loi. Les Montagnards s'étaient d'abord efforcés de résister à une mesure qu'ils jugeaient dangereuse. La levée en masse ou première réquisition, l'armée révolutionnaire chargée de faire appliquer les lois sur les subsistances, la déchristianisation furent l'œuvre des meneurs des clubs et des administrations locales avant d'être adoptées et légalisées par la Convention.

Jacobins et Bolchévistes sont emportés par un courant plus forts qu'eux-mêmes. Ces dictateurs

obéissent à leurs troupes. pour pouvoir les comman-
der.

. . Pourquoi s'étonner dès lors qu'ils se heurtent aux
mêmes obstacles et qu'ils soient exposés aux mêmes
dangers ?

Pour les Bolchévistes, la dictature du prolétariat
n'est qu'un acheminement vers le . communisme,
pour. nombre de leurs partisans, c'est un but. Du
haut en bas de l'échelle, le gouvernement des soviets
se heurte à l'égoïsme de ses administrés. Le paysan
russe, comme le paysan français de l'an II, veut
garder sa récolte. Il ne s'en dessaisit que difficile-
ment contre du papier déprécié. On doit parfois
recourir à la force pour forcer les portes de son gre-
nier. L'ouvrier considère l'usine comme sa chose. Il
travaille le moins possible. La Révolution est inter-
prétée par lui comme le droit à la paresse. Les
bureaucrates qui recensent, réquisitionnent et répar-
tissent les denrées, trafiquent de leurs fonctions. La
dictature de classe se résout dans la pratique en
une vaste pillerie pratiquée par des tyranneaux
subalternes. Les tchinovniks de Lénine valent ceux
de Nicolas II.

Lénine le sait et il s'efforce de réagir avec vigueur.
Les voleurs pris en flagrant délit lors de la révolution du 25 octobre furent fusillés sur place pour
l'exemple. Lénine n'est pas loin de proclamer avec
Robespierre que le ressort du nouveau régime doit
être la vertu, autrement dit le sacrifice de l'intérêt
privé à l'intérêt général. Il insiste sur la nécessité
absolue de relever la production en disciplinant le
travail pour l'intensifier. « Le Russe, dit-il, est un
mauvais ouvrier en comparaison des citoyens des
nations avancées. Apprendre à travailler, voici le

problème que le Pouvoir des soviets doit poser dans toute sa grandeur devant le peuple ». Et il n'hésite pas à préconiser le travail aux pièces et même l'application du système Taylor que les syndicalistes d'Occident considèrent comme un servage. Il se rend bien compte que le problème de la production et de la répartition ne peut pas être résolu uniquement par des mesures réglementaires, mais qu'il est jusqu'à un certain point d'ordre moral. Aussi a-t-il organisé une vaste propagande éducatrice et civique par le moyen des journaux et des conférences de l'Académie socialiste. Il espère ainsi relever la culture des masses et faire la Révolution dans leur esprit. « Les communes modèles doivent servir et serviront d'éducateurs, de professeurs, de soutiens pour les communes arriérées. La presse doit servir d'instrument à l'édification du socialisme, faisant connaître dans tous leurs détails les succès des communes modèles, étudiant les raisons de leur succès, les procédés de leur économie domestique, mettant d'autre part à un tableau noir celles des communes qui conservent obstinément les traditions du capitalisme, c'est-à-dire de l'anarchie, de la fainéantise, du désordre, de la spéculation ».

Ici encore, les Bolchévistes imitent les Jacobins qui avaient mis la morale à l'ordre du jour et qui s'efforçaient d'éduquer les masses et de réfréner l'égoïsme par tout un système fortement lié de fêtes civiques et d'institutions sociales, dont un périodique *ad hoc*, le « Recueil des actions héroïques et civiques » était l'organe. Comme les Jacobins, les Bolchévistes ont rompu avec l'Eglise qu'ils ont séparée de l'Etat. Jusqu'ici ils n'ont pas encore éprouvé le besoin, comme leurs devanciers, de remplacer l'ancien culte par un nouveau adapté à leur politique, mais ils sont déjà sur la voie qui y conduit.

Lénine s'inquiète déjà de l'invasion graduelle du parlementarisme dans les soviets. « Il faut lutter contre cela en utilisant tous les membres des soviets par une participation active à l'administration. » Il ne veut pas plus du règne du phraseur que du règne du rond de cuir. Avant lui, Saint-Just avait dénoncé le même péril : « La cité, avait-il dit, est presque usurpée par les fonctionnaires. Dans les assemblées, ils disposent des suffrages et des emplois; dans les sociétés populaires de l'opinion. Tous se procurent l'indépendance et le pouvoir le plus absolu sous prétexte d'agir révolutionnairement comme si le pouvoir révolutionnaire résidait en eux » (8 ventôse).

Pourtant les plus graves périls qui menacent le gouvernement des soviets ne sont peut-être pas ceux de l'intérieur. Le sabotage, les attentats, les jacqueries, les révoltes sont moins redoutables encore que le blocus et la guerre étrangère. Entre les uns et les autres la relation est d'ailleurs évidente.

Les Montagnards de l'an II ont eu à faire face à la même situation. Ils s'en sont tirés par la victoire militaire. Vaincre ou Mourir fut leur devise. Les Bolchévistes, portés au pouvoir par l'épuisement et la lassitude d'un peuple qui se ruait à la paix, ont d'abord cédé au torrent. Leur défaitisme a été une tactique, mais il n'a été que cela. Pour défendre leur Révolution compromise, pour sauver leurs têtes, ils ont été acculés à reprendre la guerre. L'avenir du Bolchévisme se réglera sur les champs de bataille comme s'est réglé le sort du Jacobinisme.

Après la victoire les Jacobins se divisèrent et leurs

divisions entraînèrent leur perte. L'armée devint l'ar-
bitre de leurs querelles et la République fut finale-
ment confisquée par un général victorieux.

Est-il à croire que le bolchévisme connaîtra la
même destinée? Nous saurons bientôt si ses armées
sont capables d'écarter le péril extérieur et de triom-
pher des dernières révoltes. Trotzky et Lénine reste-
ront-ils unis ? Un 9 thermidor russe suivra-t-il le
31 mai du 25 octobre et un 18 brumaire, réussi par
un Kornilof plus adroit, finira-t-il la tragédie? C'est le
secret de demain.

L'histoire jamais ne se répète exactement. Mais les
ressemblances que notre analyse a relevées entre les
deux grandes crises de 1793 et de 1917 ne sont ni
superficielles ni fortuites. Les révolutionnaires russes
imitent volontairement et sciemment les révolutionnaires français. Ils sont animés du même esprit. Ils
se meuvent au milieu des mêmes problèmes dans
une atmosphère analogue. Les temps diffèrent. La
civilisation a marché depuis un siècle-un quart. Mais
la Russie doit à son état arriéré de ressembler plus
qu'on ne le croit d'ordinaire à la France agricole et
illettrée qui était celle de la fin du xviiie siècle.

Ce sera chose curieuse à observer et riche matière
à réflexion si le rythme des deux révolutions se pour-
suit jusqu'au bout d'une même cadence. . . . .

ALBERT MATHIEZ.

(Extrait de *Scientia*, janvier 1920.)